I0396599

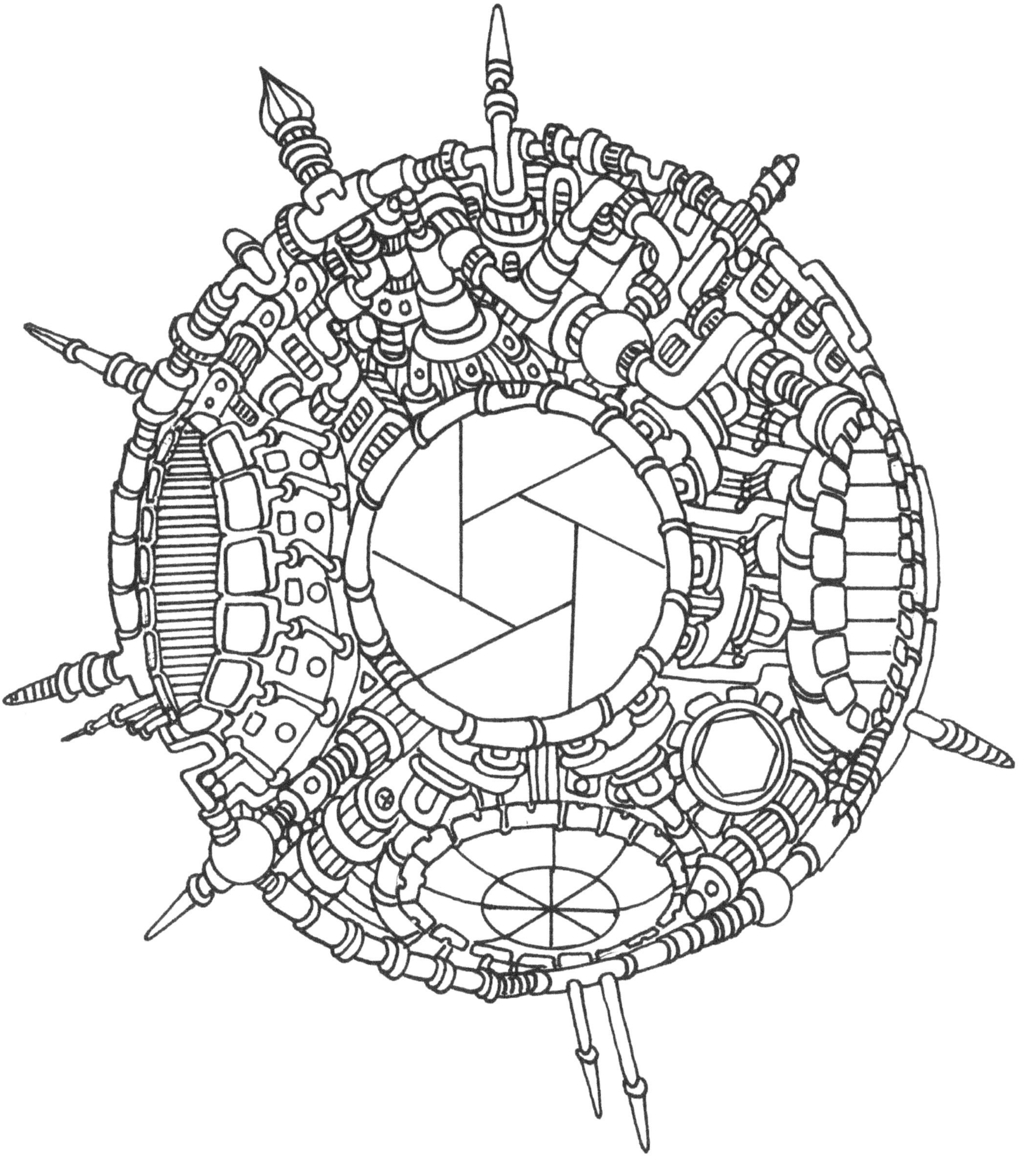

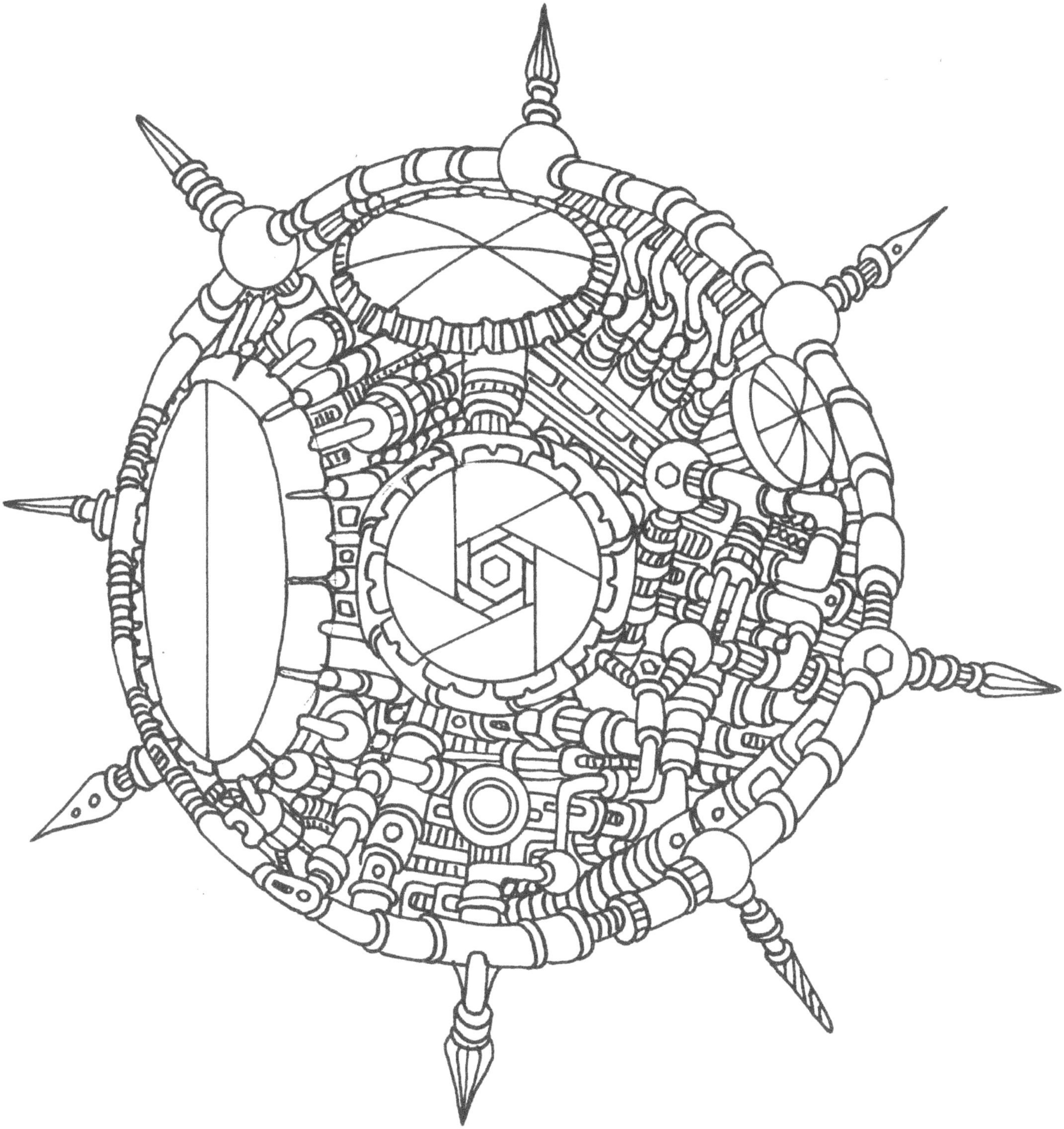

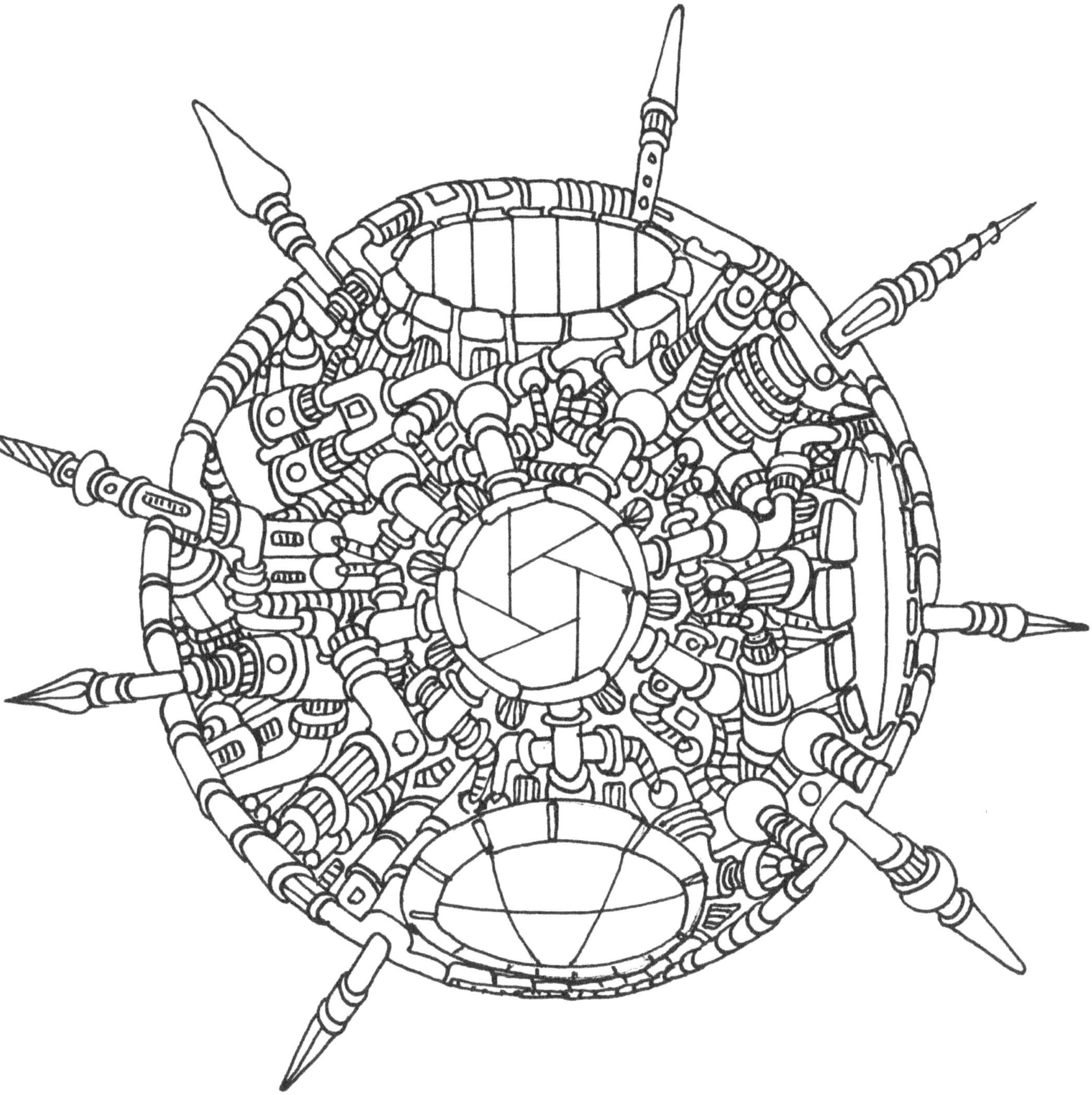

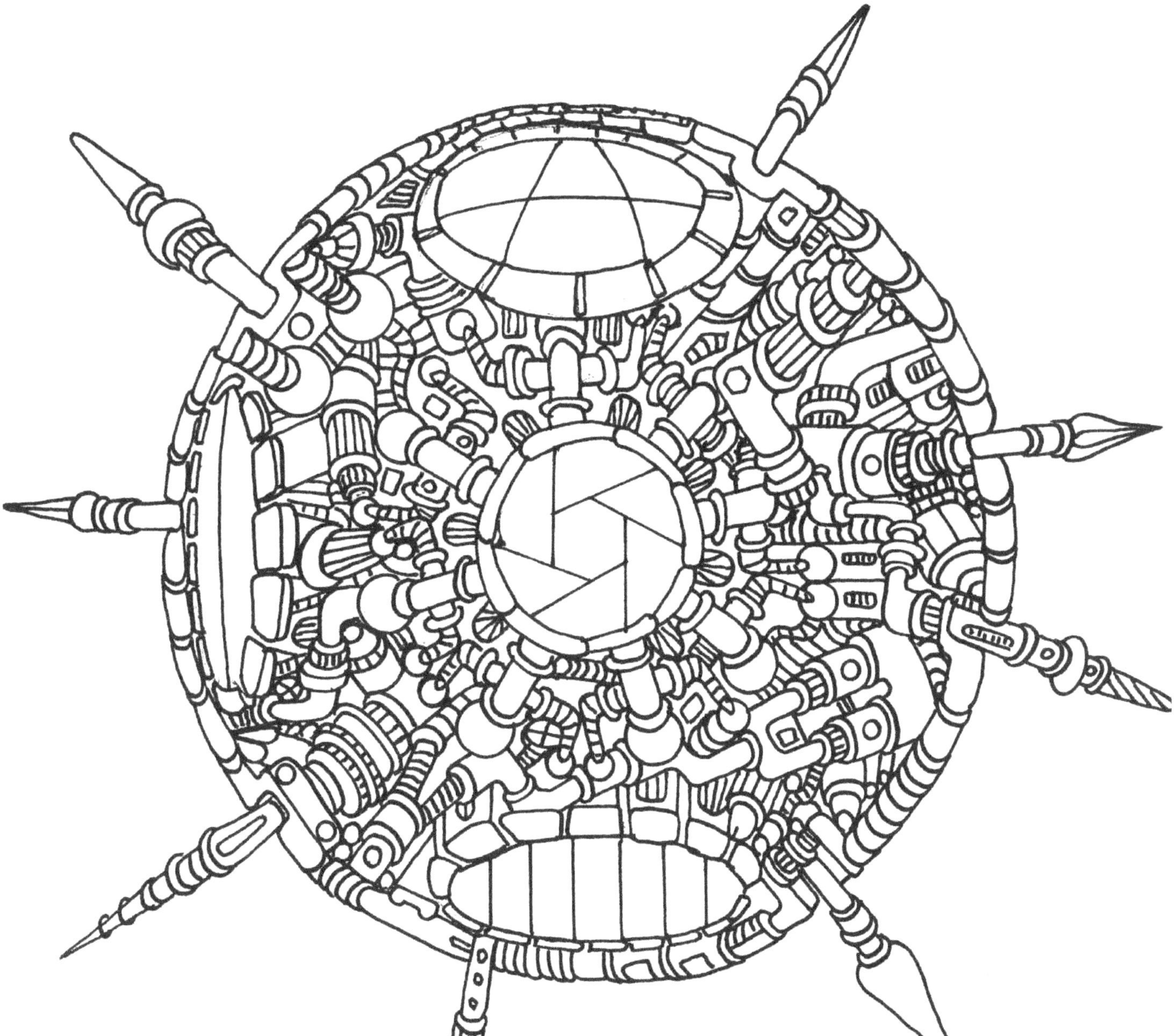

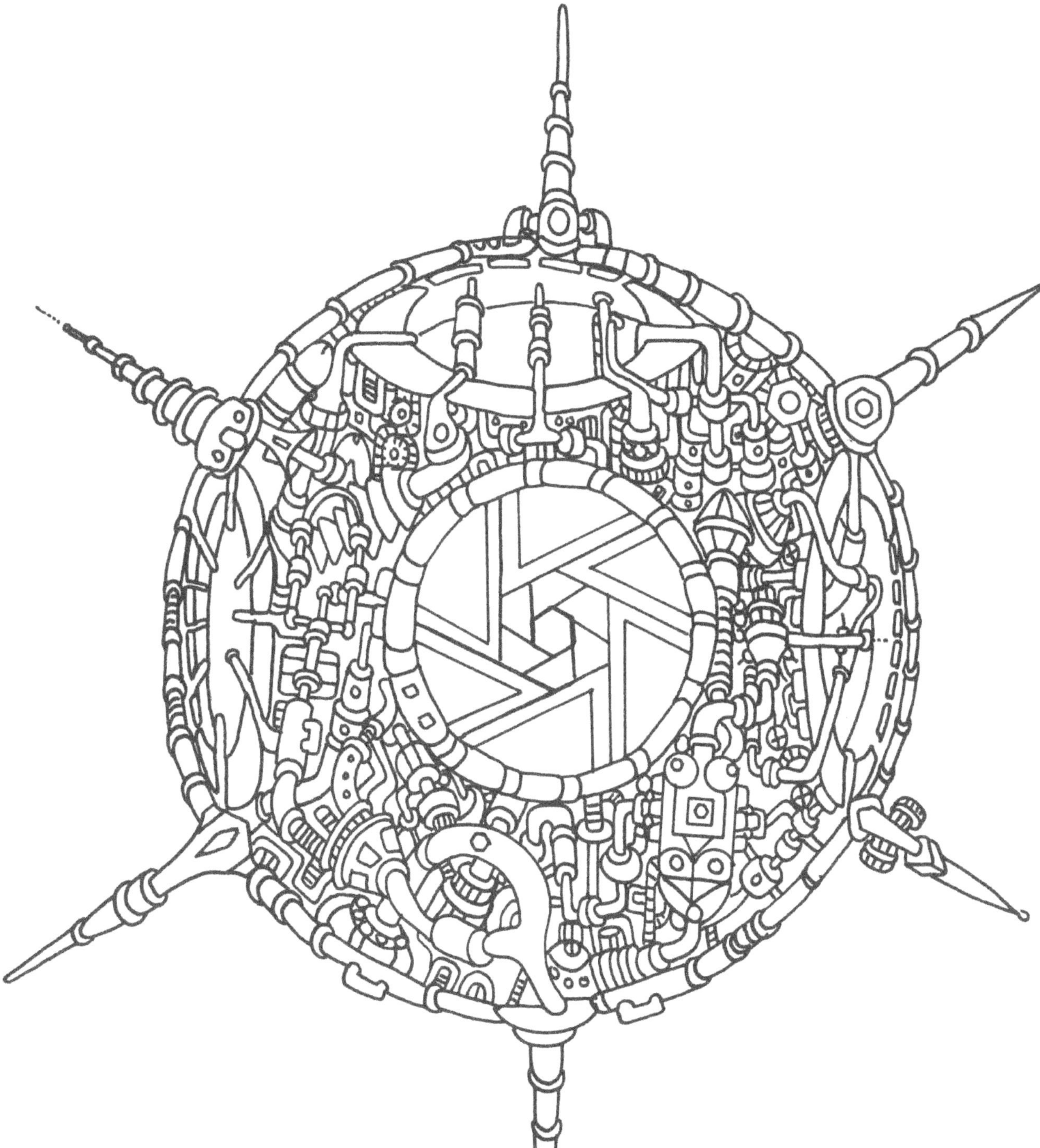

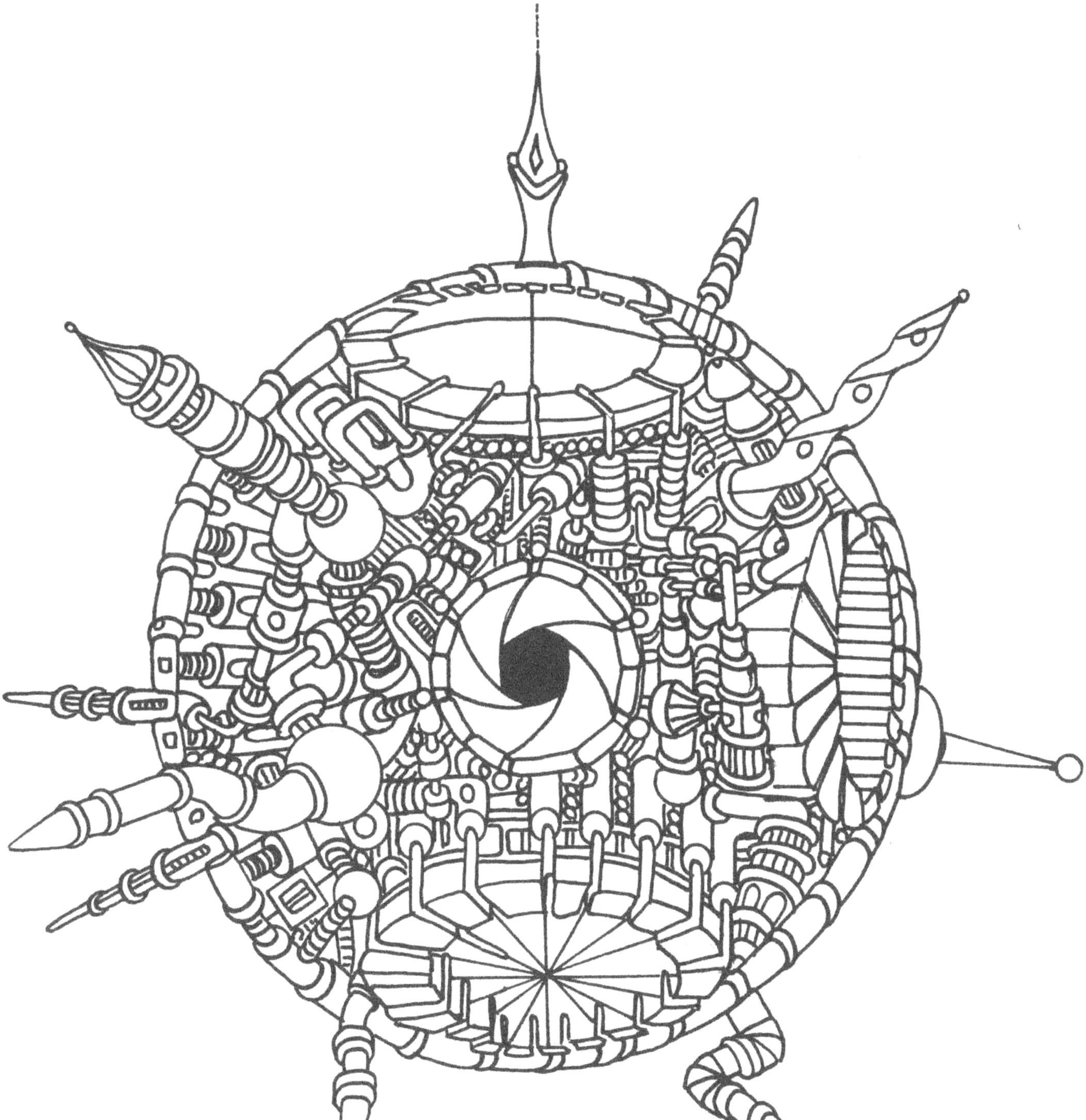

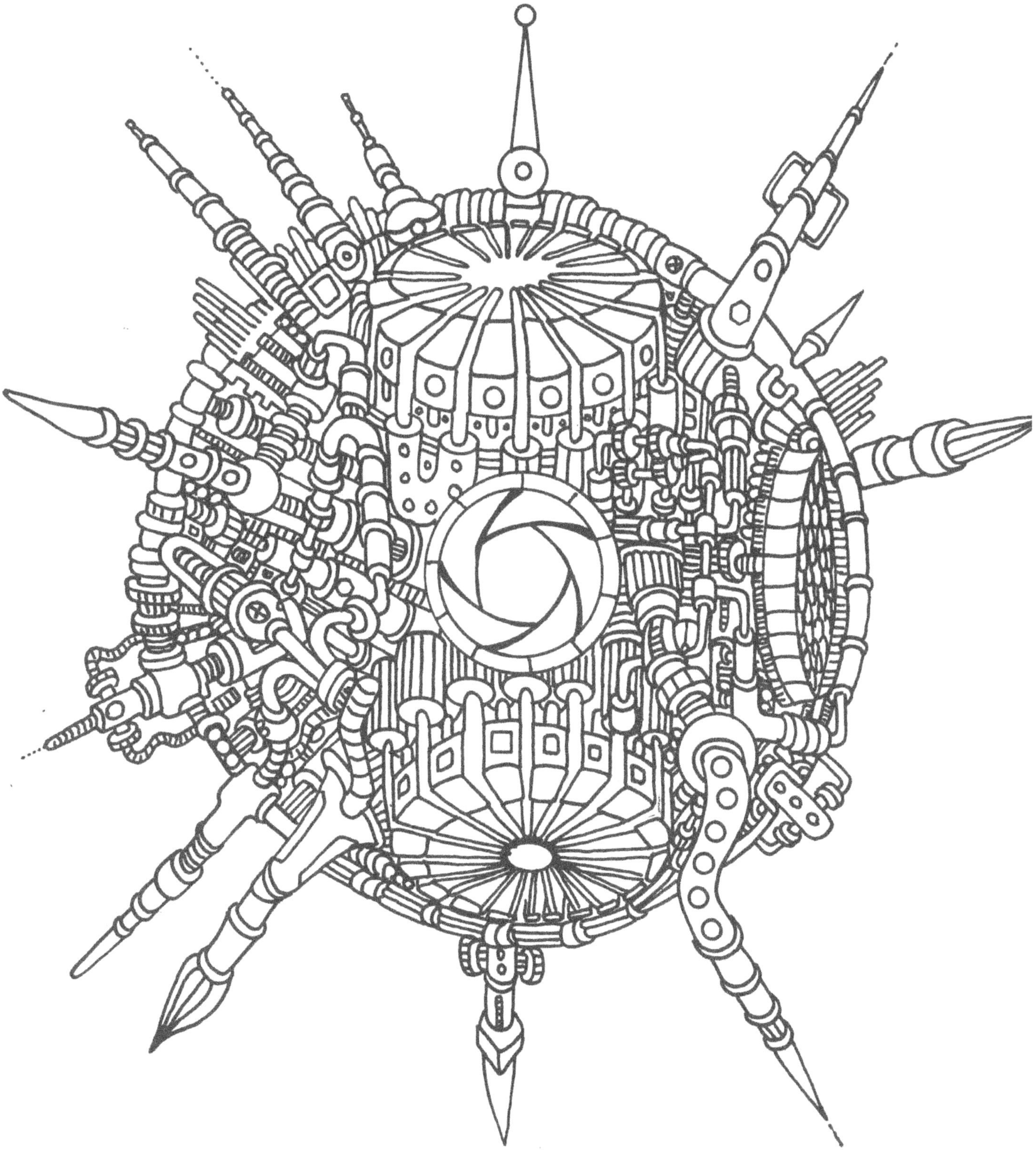

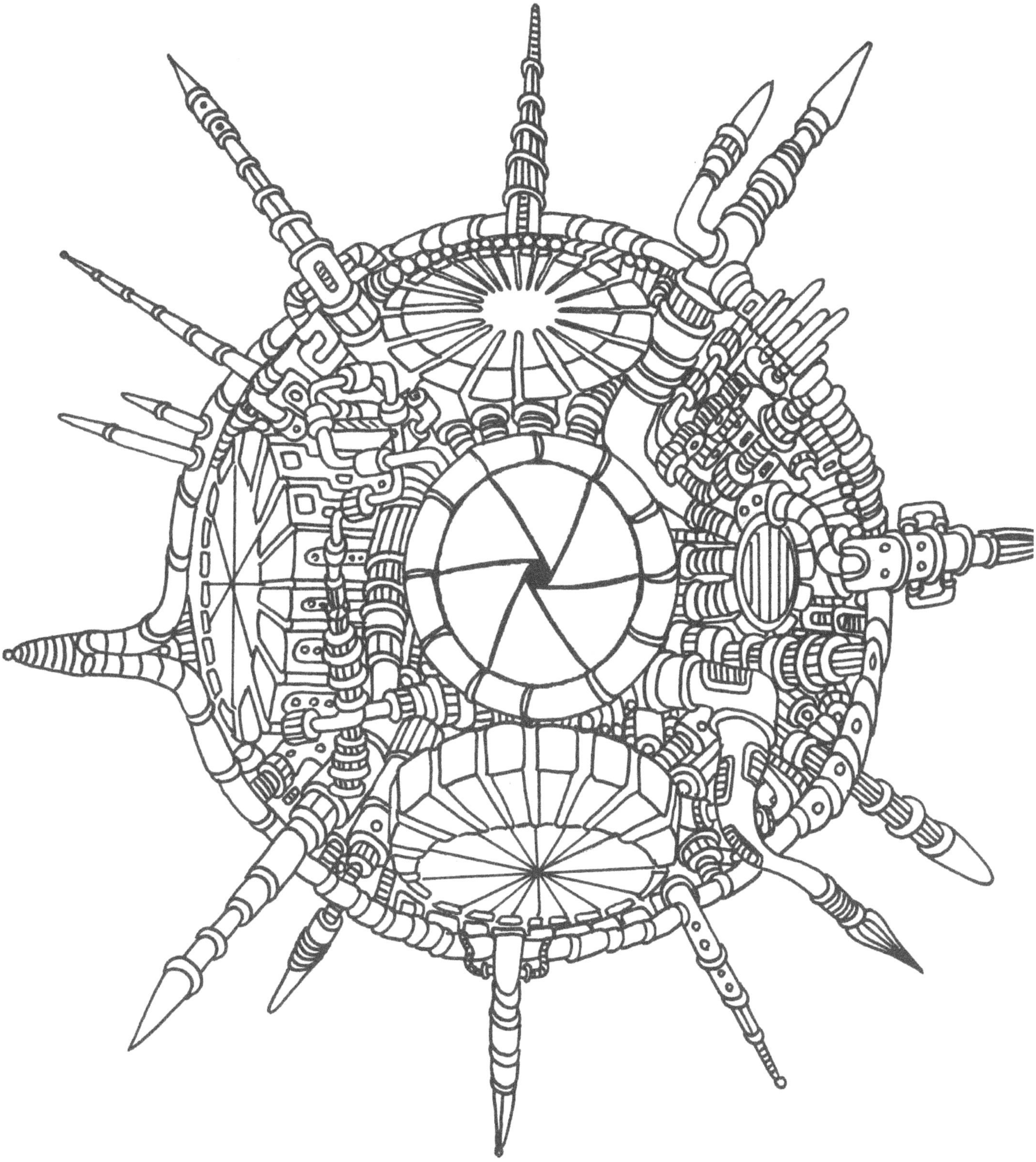

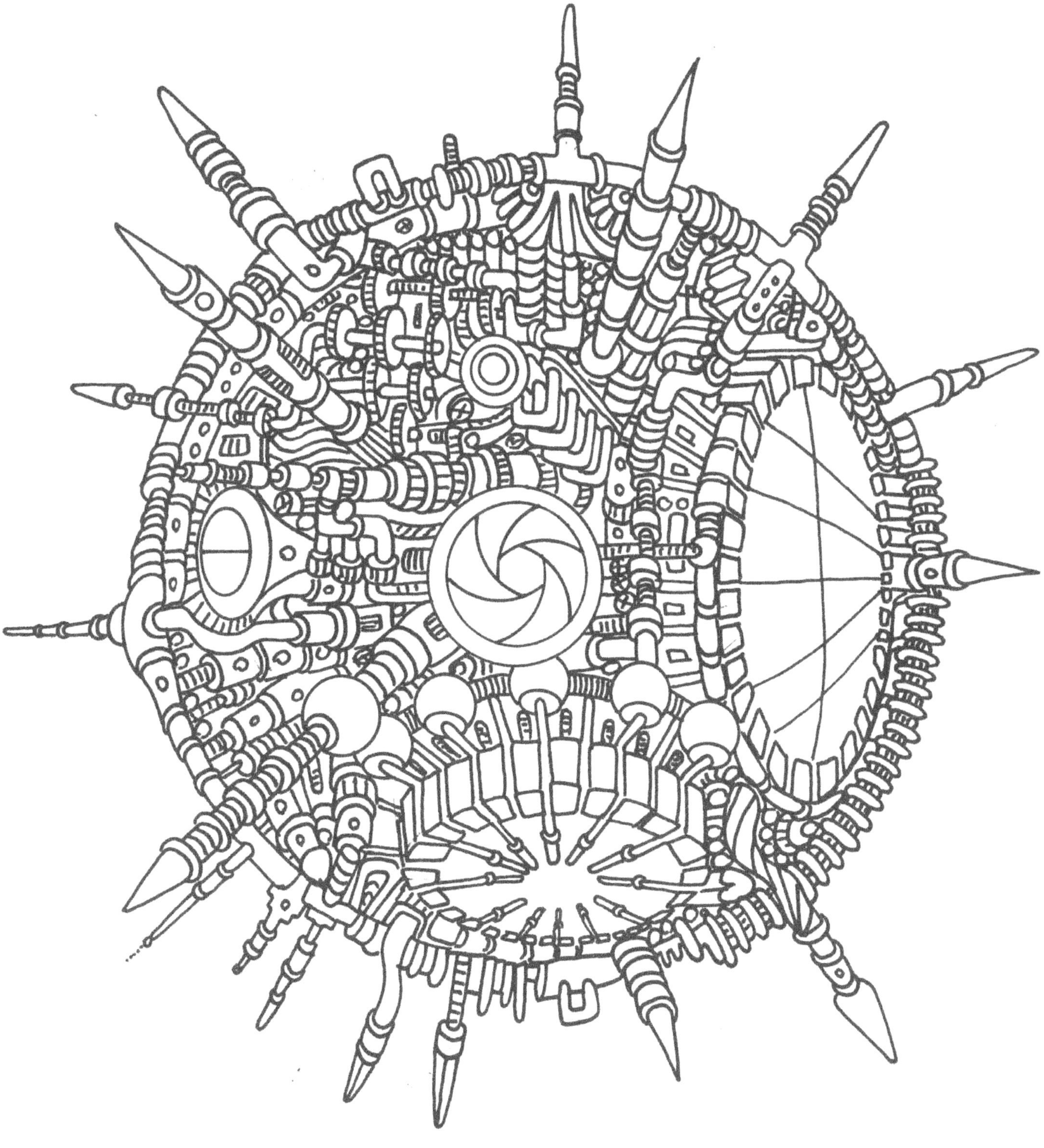

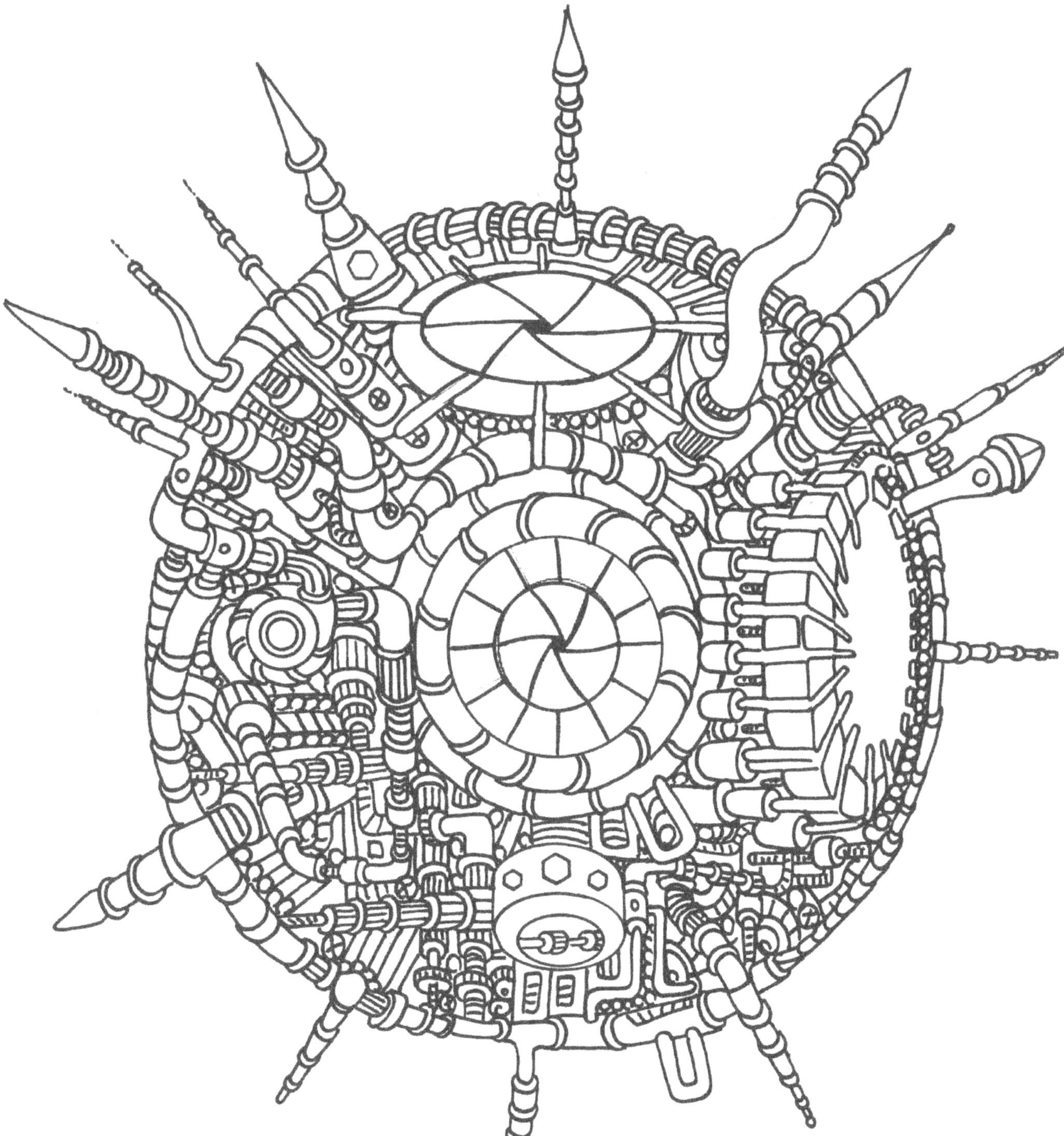

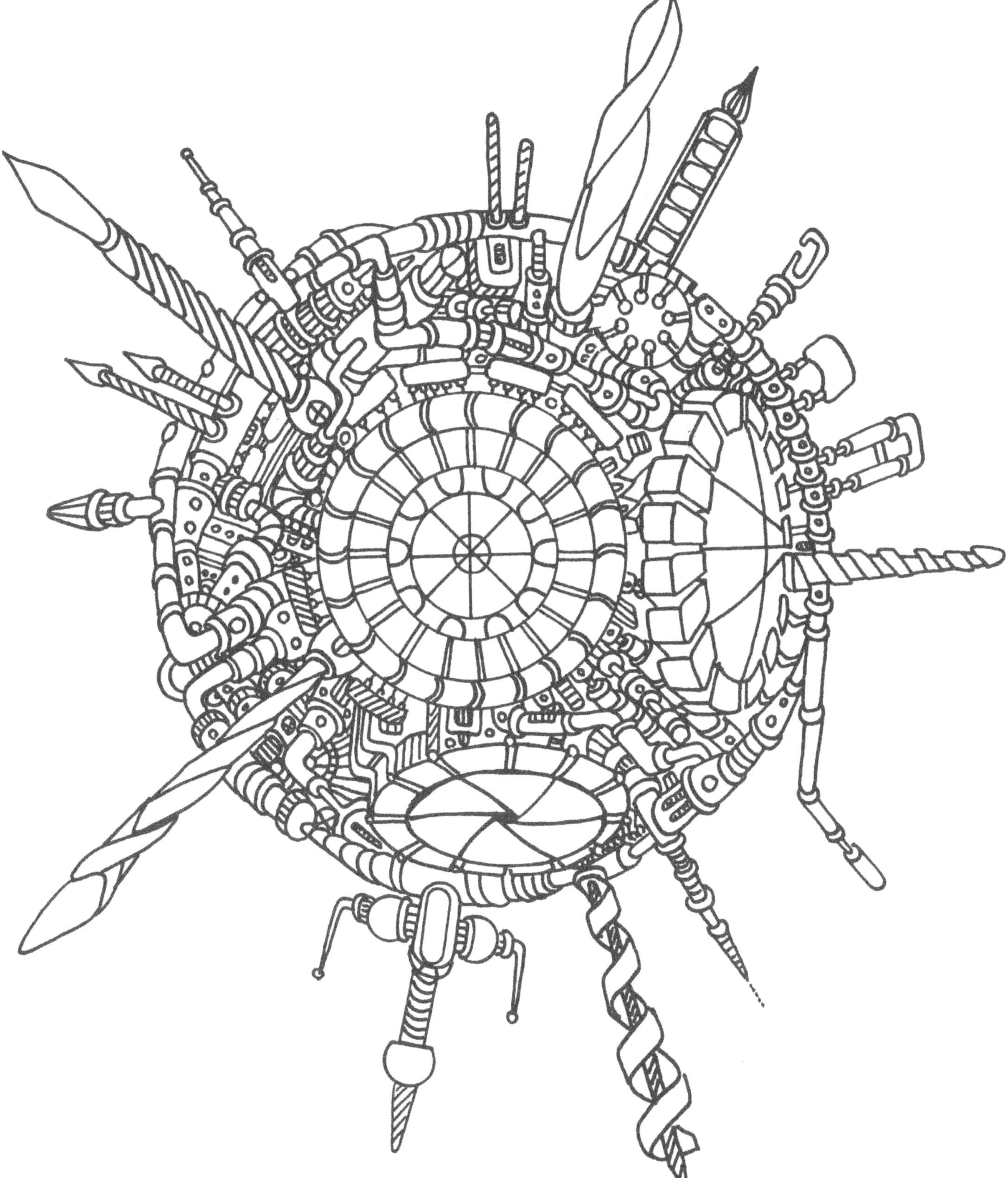

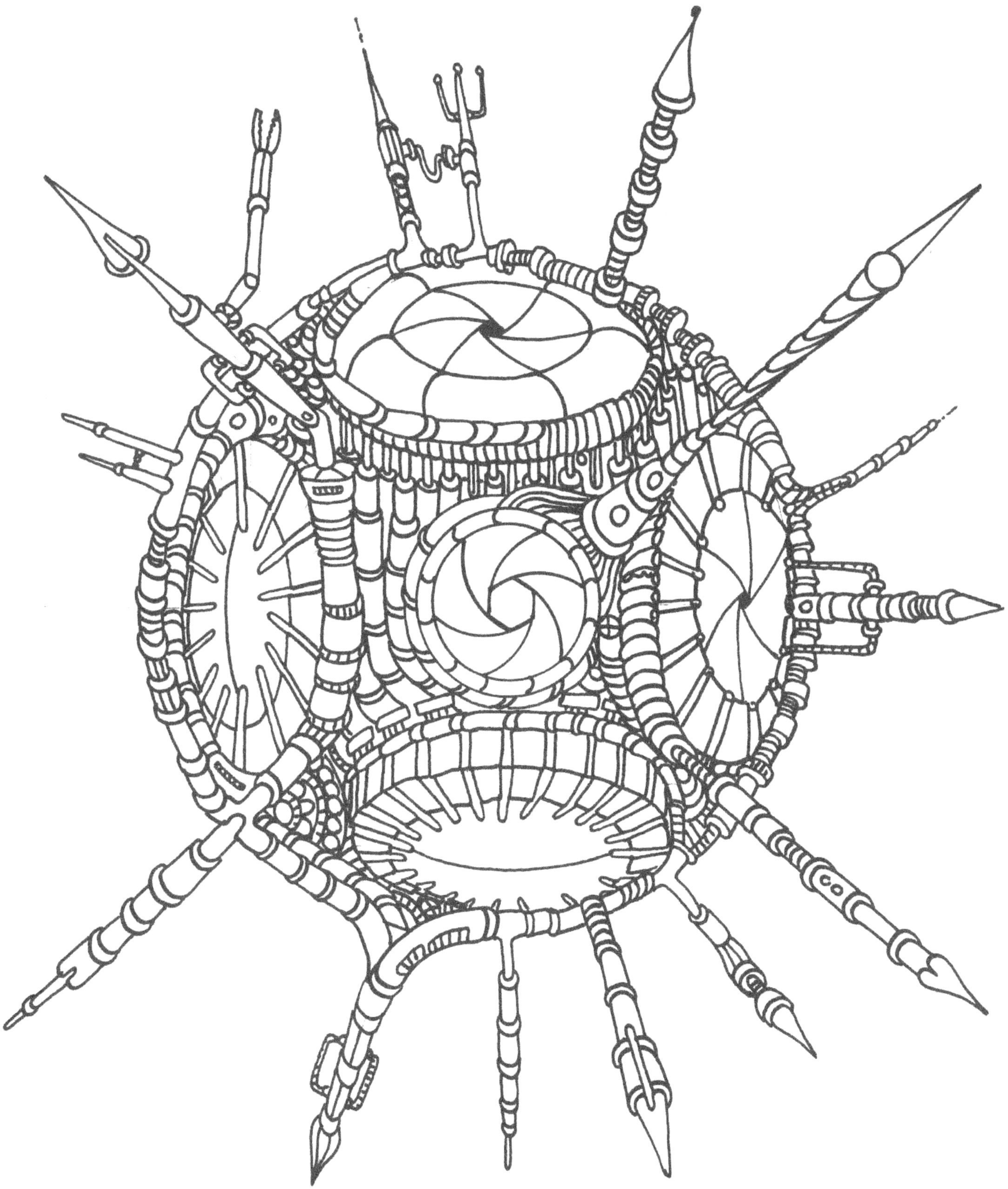

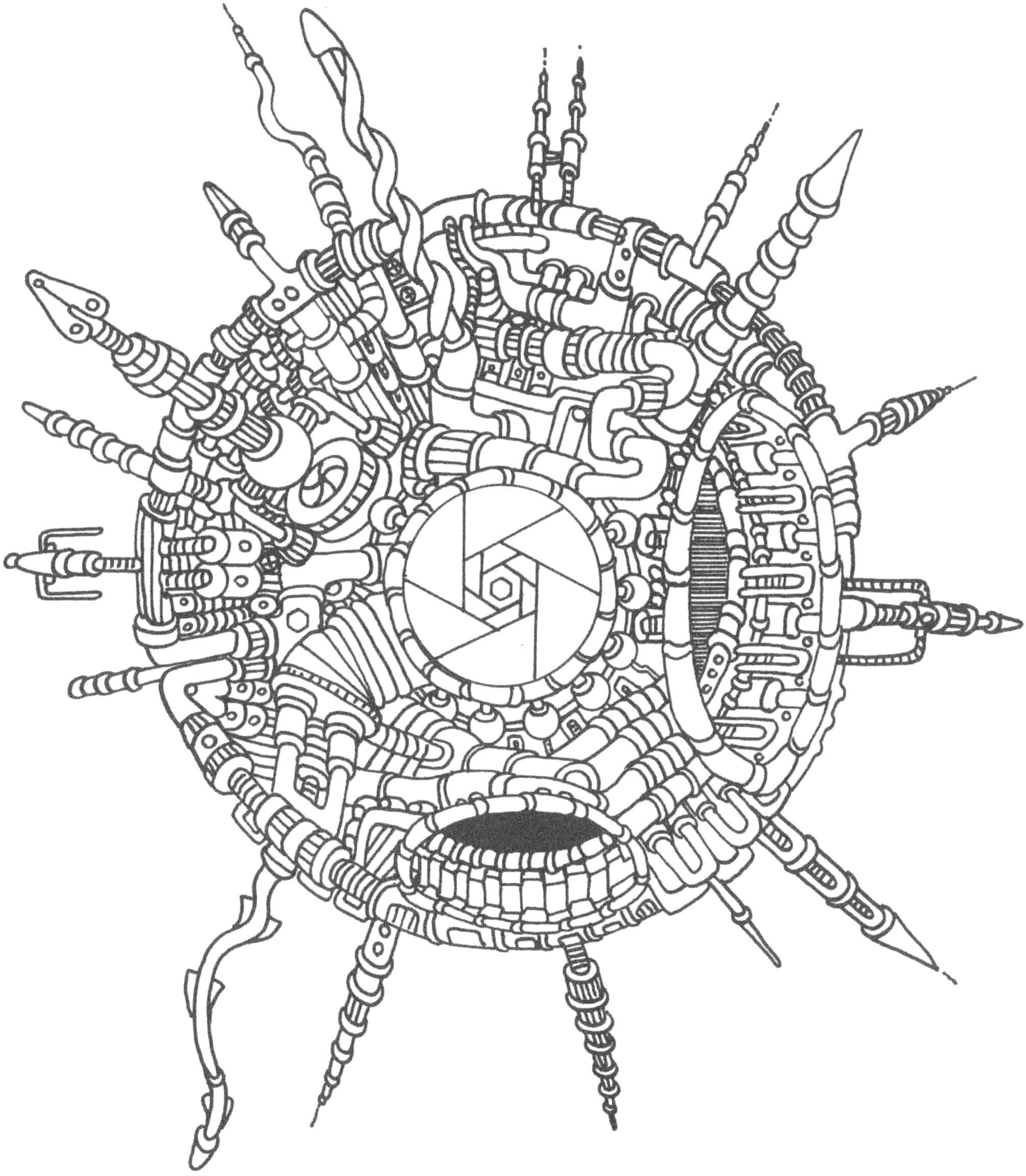

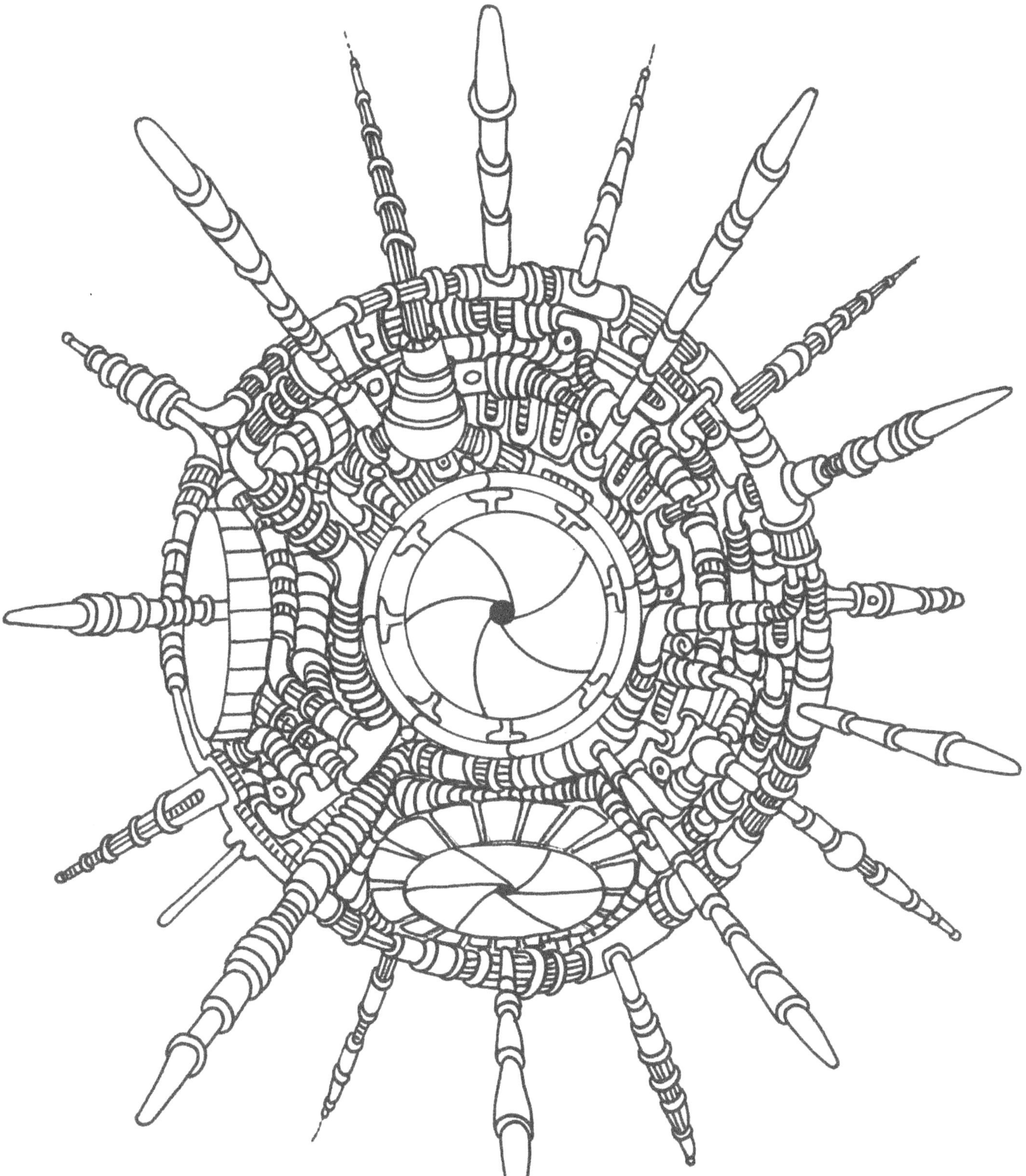

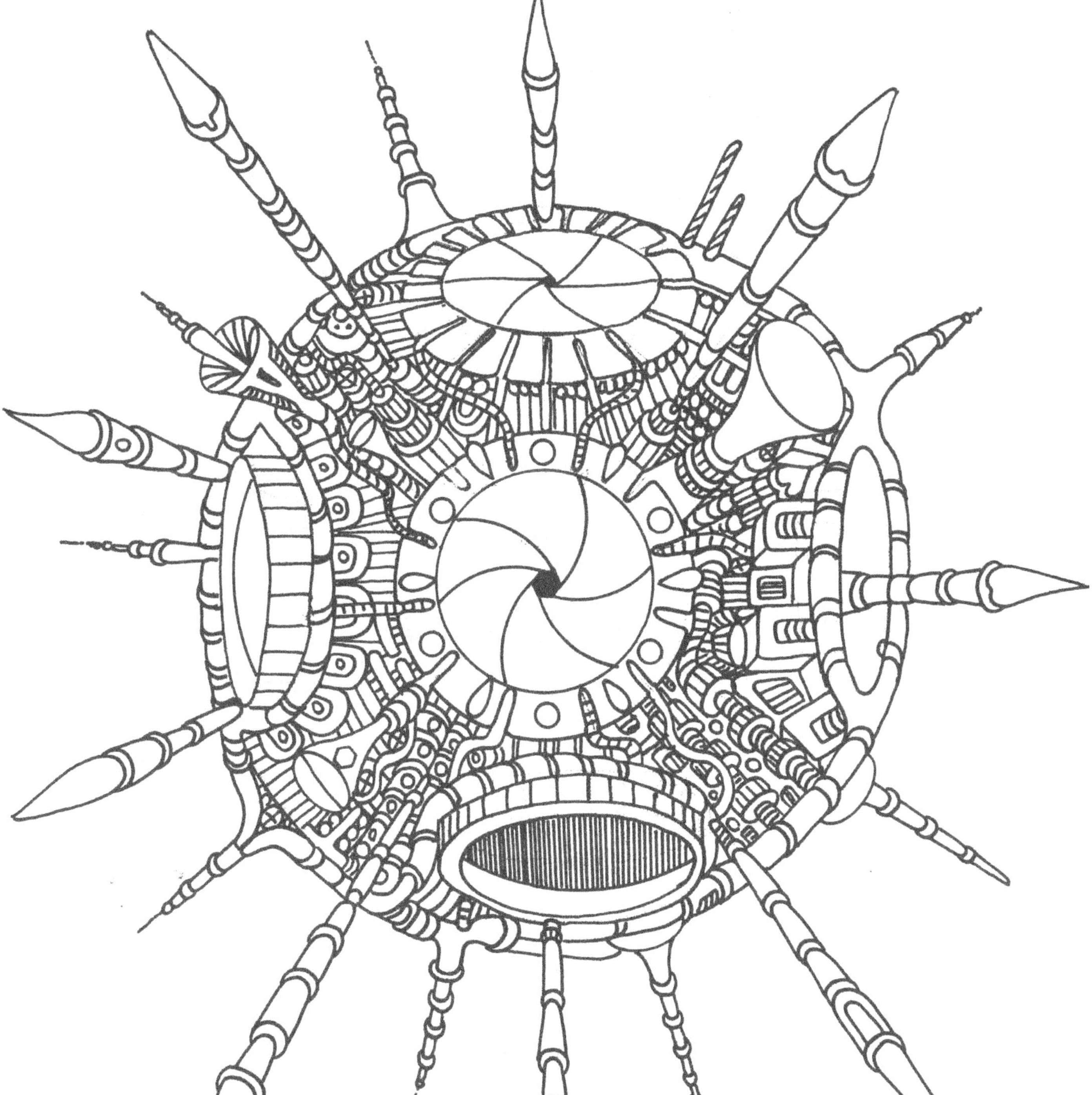

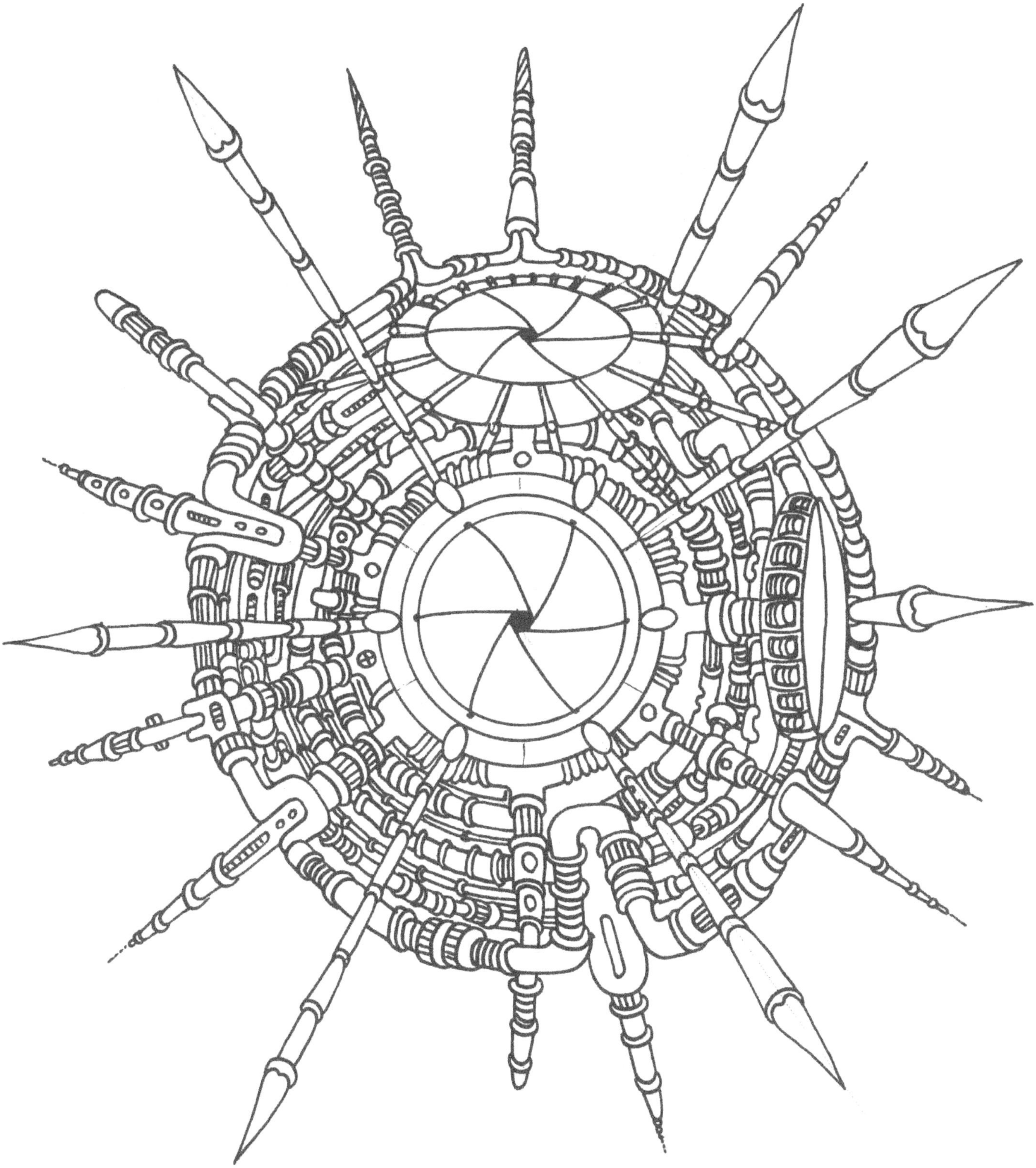

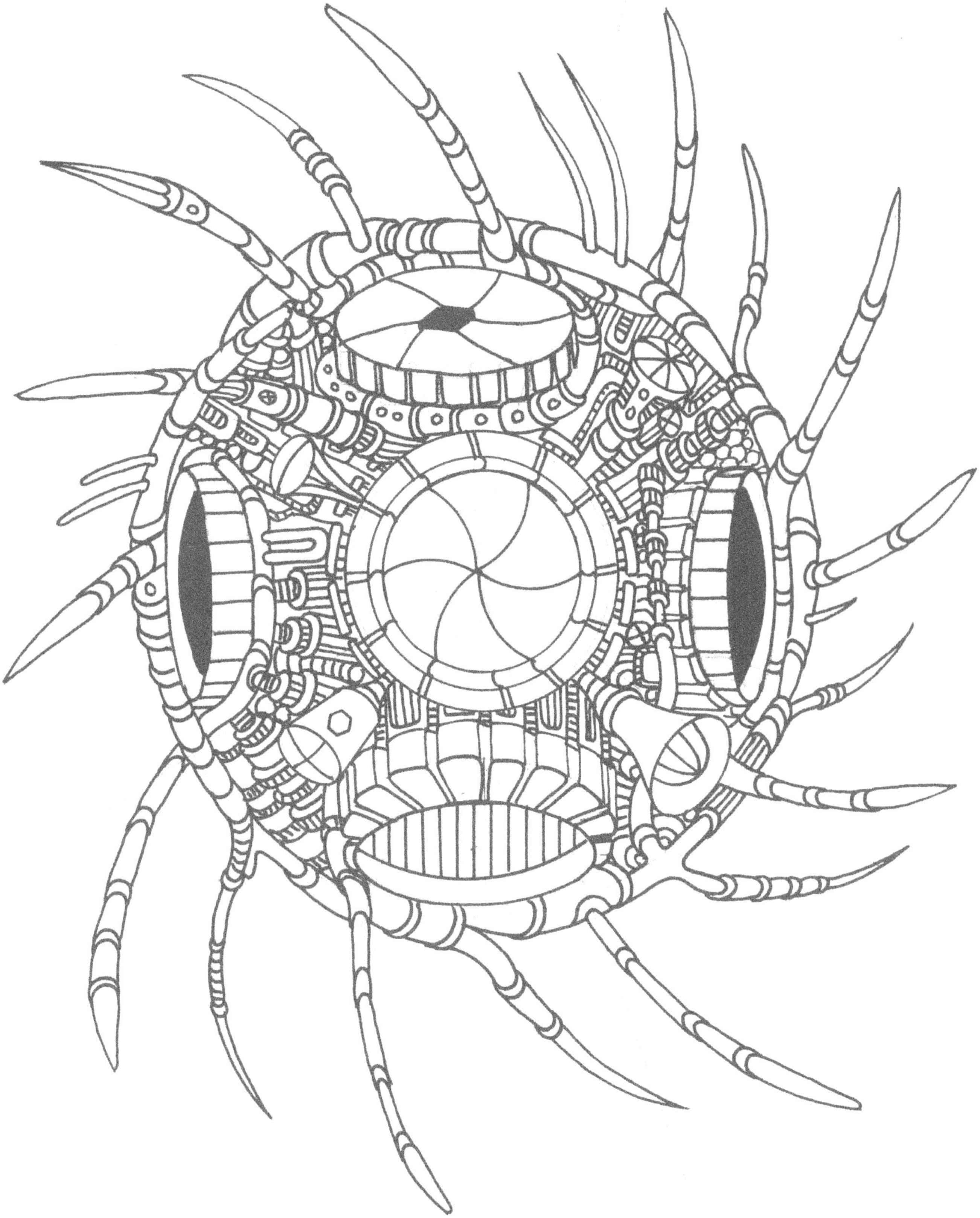

www.ingramcontent.com/pod-product-compliance
Lightning Source LLC
Chambersburg PA
CBHW081306180526
45170CB00007B/2591
* 9 7 8 1 5 4 5 2 0 5 6 2 4 *